諷詩調詩集 · 453

언어의 투창 · 비수 · 방아쇠로 감행한
시의 복수 · 1

박진환 제501시집

지성·감성의 메타언어
조선문학사시인선.954

諷詩調詩集 · 453

언어의 투창·비수·방아쇠로 감행한

시의 복수 · 1

조선문학사

■ 책머리에

시집 500권 출간 후 천천히 여유를 누리면서 쓰고 싶었고 또 그렇게 다짐했는데 욕심이랄까, 내친김에랄까, 씌어진 대로 더 묶어내기로 했다.

시집 제목을 『언어의 투창·비수·방아쇠로 감행한 시의 복수』로 정했다.

시하면 정서적 환기와 함께 묵시적 이미지가 제시돼야 하는데 시집 제목이 환기시키는 이미지는 투창이니, 비수니, 방아쇠니, 복수니로 악마적 이미지가 제시됐다.

이러한 악마적 이미지의 동원은 기실 개선의 의도나 악의 교정을 위해 선에 이바지하기 위해 감행한 복수이므로 시쳇말로 다다익선, 많을수록 선에 이바지하는 것이 되어 사회적으로 유용한 것이 된다고 보고 또 믿고 있기 때문이다.

시의 복수가 악의 교정과 선에의 이바지를 배후에 지니고 있듯이 시의 복수는 외견상 악마적 이미지를 제시했지만 그 배후에는 선에의 이미지가 들어 있다.

시는 '무엇을 쓸 것인가'에 선행, 무엇을 '어떻게 드러낼 것인가를 중시, 시법이 요구하는 여러 레토릭을 동원했다. 그중에서도 형이상시법인 컨시트·양극화·펀·원인적 비유·순수한 통징 등을 주로 구사했다. 기존의 레토릭에 관심, 시에 접근해 보면 타성으로 쓴 시와는 확연히 이질성이 드러날 것으로 본다. 그래서 친숙성이 배제돼 매우 생경한 비친숙성의 것들이 전진 배치되었음을 알 수 있을 것이다.

  풍시조는 정신 본질인 컨시트와 함께 '순수한 통징'을 표현 본질로 하는 언어미학이다. 이에 충실하고자 했고, 이에서 출발시킨 시가 풍시조라는 점을 밝혀둔다.

2025년 초춘
저자 쓰다

박진환 제501시집 / 諷詩調詩集 · 453

시의 복수 · 1

차례

책머리에 / 5

2024년 10월 11일
무엇으로? / 13
오래라네 / 14
정치 현주소라데 / 15
대신 말해서 / 16
헛소리여 / 17
용(龍)은 무슨 / 18
긴 잠에서 깨어났으면 / 19
no bell 아닌 nobel 될지 / 20

2024년 10월 12일
악을 감행하고 있기 때문 / 21
악은 악으로 망해서 / 22
악이구나 / 23
새겨 볼만 / 24
소이(所以)일 듯 / 25
검은 것이어서 / 26

같아서 / 27
세계의 상식인데 / 28
노예가 지배하는 세상 됐으면 / 29
최고의 선이니까 / 30
의지가 나침판인 것을 / 31

2024년 10월 13일
허무인 것을 / 32
답이 없는 물음인 것을 / 33
허무가 답이다 / 34
자각 / 35
휴식이 필요해서 / 36
모순의 지혜 / 37
정중와 못 면한다 / 38
지혜일 듯싶어서 / 39
상(賞)도 상(傷)할 수 있어서 / 40
만들기도 해서 / 41

2024년 10월 14일
이치가 그래 / 42
했다는데 / 43
'개' → '개'가 돼서 / 44
책임연구관 / 45
어디가 덧나나 / 46

누구? / 47
음흉한(陰凶漢) / 48
평안 올 듯싶데만 / 49
똥치여서 / 50
견문발검 같아서 / 51
돈을 주고 상을 타기도 / 52
똥칠하기 좋아해서 / 53
상을 타게 되는 거겠지요 / 54
독설가다운 독설로 / 55
시간을 낼 수 있겠는가 / 56
주다가 답 / 57

2024년 10월 15일

국민 담보물 삼는구나 / 58
이제 싸움 시작 같아서 / 59
살포 중지해야 / 60
사도(邪道) 같아서 / 61
안 될지 / 62
국민심판 외엔 / 63
그럴 수밖에 / 64
혐의 인정해서 / 65
눈금 지닌 잣대여서 / 66
싫어서 / 67
그 반대여서 / 68

정치를 탓해야지 / 69
흘린 피 대가가 그래서 / 70
국민 무시란 걸 알아야 / 71
들을 줄 알아야 / 72
있는 듯싶어서 / 73

2024년 10월 16일
견원지간 돼서 / 74
잡혈통 된지가 언젠데 / 75
몸부림인걸 / 76
↓↓↓뿐 / 77
탓 정부 아니던가 / 78
했데 / 79
이미지 쇄신 / 80
명품인가 봐 / 81
같은 이치여 / 82
몸으로라도 막겠다고 / 83
원인 나오네 / 84
토로 달아서 / 85
거 참 / 86
있겠다 싶어서 / 87
속임수 쇼란 이야기지 / 88

2024년 10월 17일

정치배탈이어서 / 89
유동물(流動物)이어서 / 90
반잔일 듯싶어서 / 91
퉤퉤 침 뱉어서 / 92
속담 떠올리게 해서 / 93
어떨지 / 94
왜 ??로 찍히지 ? / 95
'안자 빼야 / 96
같은 이치다 / 97
싫음 관두고 / 98
나라 정치는 쑥밭이어서 / 99
그러려니 하고 살밖에 / 100
외외탕탕밖엔 몰라서 / 101
명태균 어록 / 102
명태균 폭로 / 103
미라보다리 / 104

2024년 10월 18일
없어가 답일 듯 / 105
한반도 / 106
유죄 / 107
누구 탓 / 108
'징허다' 같아서 / 109
시체로 쌓은 성은? / 110

같아서 / 111
구화투신, 새겨 볼만 / 112

■ **시집 평설을 대신해서_諷詩調에 대한 사계의 견해**
三行詩의 안팎_문덕수 / 113
知的調律에 의한 시 意味의 密度와 結晶度_성찬경 / 122
諷詩調의 깃발과 風向_김용직 / 128
박진환의 3행 '諷詩調'에 대하여_최원규 / 131
풍시조 읽기_문효치 / 136
諷詩調에 나타난 형이상시법의 수사법_최규철 / 140

2024년 10월 11일

무엇으로?

정치 협잡꾼 명태균 국정개입, 박근혜 때 최순실과 같을까? 다를까? 비슷할까? 다르지는 않을 듯, 허면 같거나 비슷할 듯, 박근혜 국정농단은 촛불집회로, 명태균 국정농단 의혹 어둠은 무엇으로?

오래라네

신문을읽었는지, 지방에서는 친구가 노벨문학상 소식을 듣고 전화를 해왔다, 자네는 어떻게 안 되는가? 그때까지만 살게, 내 시는 스웨덴어는 고사하고 영어로도 번역이 안돼서 no bell 된지 오래라네

정치 현주소라데

윤 대통령이 국가 축구대표팀 감독 선발 의혹에 대해 '공정과 책임' 운운하며 '명백히 진상을 밝히라'에 달린 댓글이란 게 가관 '너나 잘해'라가 잇따라 달렸다데, 이것이 정치 현주소라데

대신 말해서

과거 노태우 전 대통령의 대선공약 '중간평가'가 있다면 윤 대통령은
'불신임' 했던데 불신임이면 '믿고 일을 맡길 수 없다'함 아니던가
'그렇다'고 말하기도 귀찮은지 지지율 23%로 대신 말해서

헛소리여

주가조작, 명품백 수수, 공천개입, 관리공사 불법, 학위논문
양평고속도로, 인사개입, 선거운동, 공천에 이르기까지 나열조차
할 수 없는 김건희 둘러싼 의혹 했던데, 왕자무친이란 말 헛소리여

용(龍)은 무슨

청와대가 흉지라고 용산으로 옮긴 대통령실, 허면 용산이 길지였나 박토도가꾸기에따라선 명당이되고, 명당도주인행세잘못하면 흉지돼 비렁말도 그래, 주인 잘 만나면 준마 돼서, 허면 용산은? 용은 무슨

긴 잠에서 깨어났으면

한강작가의 노벨문학상수상으로 문단·출판특수기대했던데, 글쎄요? 그런기대보다 한국의 문인들 자성의 기회, 자각의 기회, 성찰의 기회 됐으면, 그보다 특수(特秀)건 특수(特殊)건, 긴 잠에서 깨어났으면

no bell 아닌 nobel 될지

스웨덴 한림원, 한강의 산문을 '시적인문체' 했던데, 정작 한국의시는 정서·관념유희의 타성에서 벗어나지 못해서 언제쯤 적(的)자에 묶인 한정어를 벗어나 세계의 감동어로 no bell 아닌 nobel 될지

2024년 10월 12일

악을 감행하고 있기 때문

이·하마스 전쟁, 유독 이스라엘에 대한 비난이 세계적
한목소리다. 이스라엘에 인도주의라는 인류애는 전무
오직 전쟁을통한 승리를위해서 피를 뿌리는 악을 감행하고 있기때문

악은 악으로 망해서

사람은 선보다도 악에 기울어진다 했던가, 그런가 하면
악을 부추기는 악도 있어 조걸위악이라 했던가, 초록은 동색
악은 악을 낳고, 칼은 칼로 망하듯, 악은 악으로 망해서

※ 조걸위악(助桀爲惡) : 못된 사람을 부추기어 악한 짓을 하게 함을
이르는 말.

악이구나

선의 궁극은 악, 악의 궁극은 선이라 했던가, 허면 선과 악은 따로따로가 아닌 한 뿌리에서 태어난 두 얼굴이란 말인가, 그렇구나 행함이 선에서 이루어지면 선, 악에서 이루어지면 악이구나

새겨 볼만

악행 저지른 후 남이 알까 두려워함은 그 악 가운데 선행의 길이
있음이요, 선행 후 이를 알아주기를 바라는 것은 그 선 속에
악의 뿌리가 있는 소이 했데, 채근담의 이 명구 새겨 볼만

소이(所以)일 듯

최고의 선은 쾌락, 최대의 악은 고통이라 했던데, 이스라엘은 최대의 악으로 쾌락을 삼고 최대의 선을 악으로 삼으니, 전쟁으로 사람을 죽이고 이를 쾌락으로 앓이니 행함이 악뿐, 선은 죽었음이 소이일 듯

검은 것이어서

조걸위악이란 말이 왜 자꾸 떠오를까? 못된 놈을 부추겨
악을 저지르게 하는, 허긴 동악상조란 사기(史記)의
말도 있데만, 배후란 게 대체적으로 드러내지 못한 검은 것이어서

※ 동악상조(同惡相助) : 나쁜 사람일지라도 어떤 목적을 달성하기 위해서는
서로 도와 힘을 합친다는 말.

같아서

세계의 축이 흡사 한 축은 조걸위악으로 돌아가는 것 같고 또 한 축은 동악상조로 돌아가고 있는 듯싶어서, 앞의 것은 G1이, 뒤의 것은 동맹이란 이름의 나라들인 것 같아서

세계의 상식인데

악은 전쟁의 등을 타고 온다던가, 등을 내준 전쟁이 악의
어머니거나 악의 주체, 나아가 악 자체라는 논리 성립
논리가 무슨 필요, 전쟁이 악이란 건 세계인의 상식인데

노예가 지배하는 세상 됐으면

악에 혼난 사람은 선의 노예가 된다 했던가, 견선여불급이니
책선이니 하는 말도 선의 노예 됨을 이름이니
빚진 노예가 아닌 선의 노예 세상이 노예가 지배하는 세상 됐으면

※ 견선여불급(見善如不) : 힘써 착한 일을 해야한다는 논어의 말
※ 책선(責善) : 착한 행실을 하도록 서로 권한다는 맹자(孟子)의 말

최고의 선이니까

자유는 왜 그리 귀한 것인가? 구속이 없으니까, 해방이니까
틀린 답 아니오나 더 귀한 답 따로 있어서, 뭐냐고?
그것은 가장 귀한 선이니까, 행복이 큰 최고의 선이니까

의지가 나침판인 것을

착한 의지를 무한한 선으로 간주했데, 힘과 지혜와 의지는
없어서는 안 될 세 가지 필요요건, 의지가 있는 곳에 길은 통한다
헌데 길을 잃고 헤매는 배회의 시대, 의지가 나침판인 것을

2024년 10월 13일

허무인 것을

행복이란 무엇인가? 그림자에 지나지 않는다, 명성이란 무엇인가? 꿈에 지나지 않는다, 그림자란 실체의 피사체요 꿈이란 깨라고 있는 것, 행복도 명성도 실제하지 않는 허무인 것을

답이 없는 물음인 것을

니힐리즘이란 무엇인가? 최고의 가치가 보잘것없는 것이 되어버리는 것, 목표란 것이 부질없어지는 것, 왜? 하고 물으면 답이 없는 것, 허무란 답이 없는 물음인 것을

허무가 답이다

500권의 시집, 드디어 탈고를 했다고 생각하니 만감 교차
그중에서도 보람? 기쁨·자랑·행복·만족, 아니다 아니다
허무다, 그 어느 것도 답이 되어주지 못하는 허무가 답이다

자각

다 비워버렸다고 생각했을 때의 공허감, 그 무엇으로도
채울 수 없다고 여겨졌을 때의 허무감, 이룰 수도 없고
이루어지지도 않는다는 무기력이 체험한 무라는 자각

휴식이 필요해서

의심할 여지가 없는 순수한 기쁨의 하나는 일한 뒤의 휴식이라 했던가, 일이 곧 기쁨이라는 등식, 일도 하지 않으면서 휴식이면 인생 폐업, 성업 중인 자만이 휴식이 필요해서

모순의 지혜

프로이트는 퇴행(退行)은 뒤로 물러서는 것이 아니라 앞으로 나아가기 위한 에너지를 충전하기 위해 갖는 잠정적 휴식이라 했데, 해서 물러섬이 곧 나아감이 되는 모순의 지혜

정중와 못 면한다

생각이 온전하면 지혜가 생기고 흩어지면 지혜를 잃는다
집중은 샘이고 지혜는 샘물에서 솟아난다, 헌데 세상은
산만하다, 샘은 많으나 산만하므로 지혜 또한 정중와 못 면한다

※ 정중와(井中蛙) : 우물 안 개구리란 뜻

지혜일 듯싶어서

일하는 지혜도 지혜지만 쉬는 지혜도 지혜다, 좀 쉬기로 한다
다만 휴식이 길면 녹이 슨다 했던가, 곰팡이가 슨다 했던가
이를 경계하면서 쉬는 지혜도 지혜일 듯싶어서

상(賞)도 상(傷)할 수 있어서

nobel 문학상 소식 no bell은 면했다만 어째서 no bell이면 싶은 전화들은 전화통을 화통으로 만드는지 이러쿵저러쿵 말썽들, 상은 수상해서 영광이어야, 수상하고 도마에 오르면 상도 상할 수 있어서

만들기도 해서

소설이란 게 상상력의 재구성 아니던가, 픽션이란 게 허구
허구란 게 꾸민 이야기란 뜻 아니던가, 그래선가, 걸려오는 전화마다
상상력 동원 『채식주의자』를 육식주의자로 만들기도 해서

2024년 10월 14일

이치가 그래

  드론 평양침투 두고 북 '재발 땐 참변', 남 '위해 땐 북정권 종말' 내세우며 더 거칠어진 남북했던데, 남측주장이 모순같아서, '오물쓰레기 풍선부터 중단하랴, 삐라 안 뿌리면 절로 중단할 것을, 이치가 그래

했다는데

대통령실 전행정관이었던 김대남왈 "용산은 지금십상시같은 몇 사람이있다"며 "걔네들이 (김)여사하고 네트워킹돼가지고 해"에이어 "여사가 자기보다 어린것들 갖고 쥐었다 폈다해 시켜먹지" 했다는데

'걔' → '걔가 돼서'

그 말속엔 '걔네들'에 방점이 찍히데, '걔'가 그런 계통에 속함을 나타내는 접미어이지만, 소릿값으론 '걔'와 '걔'가 동음이의를 성립시켜서, pun으론 '걔' → '걔'가 돼서

책임연구관

멍청이들 세상인 줄 알았더니 똑똑한 사람도 있네, 누구냐고?
"대통령, 국회 존중하고 거부권 행사 신중해야"라고 보고서 낸
헌법재판연구원 장효훈 책임연구관

어디가 덧나나

한강의 노벨문학상 수상작 두고 '한국문학의 위대한 승리' 했던데
번역자 스미스는 '번역의 위대한 승리'라 해서 헷갈려
헷갈릴 게 뭐 있나 둘 다 승리로 봐주면 어디가 덧나나

누구?

이・하마스 전쟁의 한 컷, "대피하라" 해놓고 "움직이면 쏜다" 허면 "대피하라"는 인도주의, "움직이면 쏜다"는 악마주의, 결론으로 인도주의 뒤집어쓴 악마주의, 우리 식으론 양두구육, 당사자는 누구?

※ 양두구육(羊頭狗肉) : 양 머리를 걸어놓고 뒤에서는 개고기를 판다 함이니 앞뒤가 다른 잘못된 행위를 꾸짓는 비유.

음흉한(陰凶漢)

양두구육은 양반, 철면피도 상철면피, 피를 봐야 직성이
풀리는 흡혈귀, 드라큘라+악마를 합친 면피도 양반, 그 뒤엔
숨어 있는 음흉한, 얼굴만이 아닌 흉악한 음흉한(陰凶漢)

평안 올 듯싶데만

오물풍선에 무인기 북파로 남북 서로 치고받기로 국민 불안 했데
이 불안 제거하려면 남북 정치 지혜론 불가, 평범한 상식이 해법
'오물풍선', '무인기'가 등장한 원인 제거면 평안 올 듯싶데만

똥치여서

노벨문학상과 K정치 했데, 달리 표현하면 K문학과
K정치, 그중 쉽게 풀이하면 코리아의 문학과 정치쯤이 될 듯
문제의 핵심은 K정치, K문학은 됐고, K정치는 통치 아닌 똥치여서

견문발검 같아서

대통령 거부권 '신중해야 했던데, 거부권도 귀히 써야 귀한 대접
견문발검이면 비웃음거리 못 면하고 하찮은 짓으로 매도해
잦은 거부권 행사란 게 견문발검 같아서

※ 견문발검(見蚊拔劍) : 모기를 보고 칼을 뺀다 함이니 하찮은 일에 너무
크게 허둥댄다는 말

돈을 주고 상을 타기도

노벨문학상을 계기로 상을 생각해 본다, 논공행상·무상무벌 신상필벌들은 옛분들이 상을 두고 한 말이다, 요새 사람들은 상금 보고 상을 탄다, 헌데 되레 돈을 주고 상을 타기도

※ 논공행상(論功行賞) : 공의 유무와 대소를 가려 각각 그에 알맞은 상을 주는 것

※ 무상무벌(無賞無罰) : 벌 받을 것이 없으면 상 받을 것도 없다.

※ 신상필벌(信賞必罰) : 상을 줄 만한 자에게는 상을 주고, 벌을 받을 자에게는 반드시 벌을 준다는 뜻

똥칠하기 좋아해서

써놓고 보니 '똥치여'서가 편을 떠올리게 하데
'똥치여'를 유사 소릿값으로 옮겨봤더니 '똥치워'
똥이 무서워서 피하나 더러워서 피하지, 헌데 똥칠하기 좋아해서

상을 타게 되는 거겠지요

일화 한 토막; 버나드 쇼가 노벨문학상 후보가 되었을 때
신문기자에게 "1925년에 나는 아무것도 쓴 것이 없었어요
아마도 그래서 상을 타게 되는 거겠지요"

독설가다운 독설로

프랑스 화가였던 드가의 독설 한 마디, 어떤 화가가 자기 제자의 「활을 쏘는 사냥꾼」이란 그림을 보이면서 "참 잘겨누고 있지요"에 "그래요, 상을 겨누고 있군요" 했다, 독설가다운 독설로

시간을 낼 수 있겠는가

하나 더, 1952년 노벨평화상 수상자로 지명된 슈바이처 박사가
수상 참석을 통지받고 하는 말 "하고 많은 병원 치다꺼리를
두고 훈장 나부랭이를 받으려고 시간을 낼 수 있겠는가"

주다가 답

흔히 상(賞)을 준다고도 하고 받는다고도 한다, 어느 것이 정답일까
상(賞)자가 가상할 상(尙)자 아래 갖출 구(具)를 받친 글자로
공고가 있는 자를 가상히[尙] 여겨 상품[具]을 준다, 해서 주다가 답

2024년 10월 15일

국민 담보물 삼는구나

무인기 평양침투로 긴장 고조되고 있는 남북, 남은 안보 이슈로
정치논란 덮고, 북은 위기의식 부각해 내부결속 다지기
그렇구나, 남북 공히 정권 유지 도움 판단으로 국민 담보물 삼는구나

이제 싸움 시작 같아서

윤·한 독대 앞두고 기싸움 볼만, 한 '여사라인 존재하면 안 돼'에 용산 '대통령 라인만 존재로 맞서, 맞서야 싸움도 싸움답지, 힘은 대권차원, 대통령은 정권유지 위한 기싸움, 이제 싸움 시작 같아서

살포 중지해야

남북, '심리전 넘어 물리적 충돌' 했던데 물리적이면 무기 사용?
이에 대해 민주당 '충돌 방이서 무인기 안 뜨게 하는 게 안보' 했데
무인기 안뜨게하려면 근본원인제거해야, 대북삐라부터살포중지해야

사도(邪道) 같아서

모든 길은 로마로 통한다 했던가, 코리아에도 '만사건통'이란게 있데 '모든일은 김건희여사로 통한다, 김건희여사를 중심으로 모든비리가 사통오달이어서, 로마로 통하는길이정도라면 만사건통은사도같아서

안 될지

정치브로커 명태균 말이 사실이라면, 사실 같긴 한데 만약에 사실 아니면, 만약에 사실이라면, 사실 같긴 한데, 만약에 사실이면 사실보다 무서운 '날아가댜' ㄹ이 떨어져 나간 사시(死矢)나 안 될지

국민심판 외엔

뉴라이트로 감투 쓴 양반들 국감에서조차 역사 왜곡
망언 되풀이하다 혼쭐난 모양이던데 야당에선 "즉각 파면"에
윤 대통령 사과 요구까지, 문제는 결론, 쓸데없어, 국민심판 외엔

그럴 수밖에

윤석열 정부 초대 대통령 비서실장이었던 김대기 주중대사 임명에
'또 돌려막기 인사'라며 비판 쏟아져, 어쩌겠나, 인물도
없고, 믿을 만한 위인도 없으니, 그럴밖에, 그럴 수밖에

혐의 인정해서

김건희 주가조작 기소 여부, 수심위 아닌, 수심위 의견에
반대되는 의견제시를 한 검사들로 레드팀 만든다던데
이렇게 하나 저렇게 하나 결론은 무혐의, 단 국민들만 혐의 인정해서

눈금 지닌 잣대여서

혐의·무혐의 결국 국민심판만 남는 셈, 국민심판은
법 조항 아닌 대통령 지지율로 나타날 듯, 그게 법의 눈금보다
더 절실하고 더 믿을 만하고 더 신뢰할 수 있는 눈금 지닌 잣대여서

싶어서

댐이나 보 없는 열린 강 따라 멸종위기 1급 '흰수마자 귀환' 했데
물꼬 트면 도망갔던 것들 되돌아와 강줄기 되살리는데 어쩌자고
댐이니 보 들고 나서는지, 그 뒤에 무슨 꿍꿍이속이나 없는지 싶어서

그 반대여서

인기 TV 예능·드라마 10개 중 9개서 '음주 장면' 내보내 미성년자 음주 조장 우려라 했던데, 윗물이 맑아야 아랫물이 맑다고 어른들이 주정 안 해야 미성년자도 따라 안 해, 헌데 그 반대여서

정치를 탓해야지

술이 무슨 죄인가, 잘 먹으면 보약 중의 보약이지, 홍삼이니 뭐니
해봤자 마시는 것 중 최고는 물 빼곤 술이여, 헌데 그리 좋은 것을
탓들 해싸서, 술 마시지 않고는 못 견디는 정치를 탓해야지

흘린 피 대가가 그래서

미, 이스라엘에에 사드 배치, 100명 파병했다데, 입으로는 평화·휴전운운, 뒷구멍으로 전쟁독려, 그래야 무기팔아 잇속챙길수 있어서, 이·하마스 전쟁에 덕본 것은 미국, 흘린 피 대가가 그래서

국민 무시란 걸 알아야

북한 대남 풍선에 대응하기 위해 마저할 일은 탈북자 단체가 삐라를 날려 보낸 행위에 대한 처벌인데, 왜 형사고발이 돼 있지 않는가에 정부가 답해야. 답 무시면 국민 무시란 걸 알아야

들을 줄 알아야

'바지락 무덤 된 펄펄 끓는 바다' 했던데, 바다가 바지락
무덤이면 육지는 인간 무덤, 지구촌이 공동묘지 안 될지?
죽어가면서 바지락이 하는 말 '머잖아 그리될걸' 들을 줄 알아야

있는 듯싶어서

'탈북단, 통일, 그리고 평화' 했던데, 남북 위정자들 귀엔
'헛소리하고들 있네'로 들릴 듯, 남북 긴장 고조 이용
정권 유지 수단으로 차용하고 있는 듯싶어서

2024년 10월 16일

견원지간 돼서

북, 경의선·동해선 남북 연결도로 폭파로 남북 교류의 상징
완전히 차단, 교류의 상징만 끊겼나, 동족의식, 통일의식
형제의식도 완전히 차단, 현실 그대로 견원지간 돼서

잡혈통 된지가 언젠데

끊고 끊기다 보면 남북 아닌 남과 북, 부부도 헤어지면
남남 되는데 남북 잇는 혈맥 경의·동해선을 끊어버렸으니
어찌 한 탯줄이라 하겠는가, 허긴 잡혈통 된지가 언젠데

몸부림인걸

북, 요새화 향후 대미 협상서 남측 배제 포석이라데
각국도생, 누가 누구를 탓하겠나, 다 살궁리에서 비롯된걸
남이라고 다르랴, 살기 위해 살아남기 위한 몸부림인걸

↓ ↓ ↓뿐

명태균, 여론조사 조작의 달인인 모양이던데, 지난 대선 때처럼
여론 조작하면 윤석열 지지율 20%대 50%로 안 올리겠나
헌데 명태균 아닌 명태줄로 끌어올려도 명태가 없으니 ↓↓↓뿐

탓 정부 아니던가

3.8 접경지역 민통선 주민들 '갈수록 불안' 호소하며 곳곳서 울분 토로, 위법행위 방치한 이들 엄벌 요구, 시민단체들은 '북한 탓만 되풀이하는 정부'라며 성토, 허긴 정부가 탓 정부 아니던가

했데

한동훈, 보선 유세 구실 삼아 '김 여사 리스크 관련'
신속, 반드시 실행하며 민심에 호소, 표 얻고, 정부 압박하고
이중 효과 구사; 이를 두고 윤 대통령 '이겨도 지는 승부' 했데

이미지 쇄신

'이겨도 지는 승부 새겨 볼만, 왜냐고? 선거에 지면 책임론 불 보듯 뻔하고, 이기면 한동훈에 힘 실려주게 돼서 반대로 한동훈은 져도 도전 이미지 부각으로 이미지 쇄신

명품인가 봐

요즘 터졌다 하면 북 미사일이더니 상황급반전
터졌다 하면 김건희에 연계된 비리 뇌관
명태균 손에 들린 라이터 켰다 하면 폭탄, 명품인가 봐

같은 이치여

APT값, 서울은 꾸준히, 지속적, 쭉 상승세인데 지방은 꾸준히, 지속적, 쭉 하향세, 서울과 지방이 같아서야 지배계층과 피지배계층이 어디 같던가, 같은 이치여

몸으로라도 막겠다고

대북 삐라, '북한주민 인권 위해 뿌린다'던데 '우리도 인권 없습니다
파주 민통선 마을 '통일촌' 이완배 이장 일갈, 정부는
'대북전단 막을 생각은커녕 사실상승인'이라며 몸으로라도 막겠다고

원인 나오네

그래, 남북 최악의 현 상황, 원인부터 추적하면, 탈북단체가
날려 보낸 전단 → 전단에 대응한 → 북 오물풍선, 오물풍선에 →
무인기, 화살표 역으로 ← 바꾸면 원인 나오네

토로 달아서

분노의 표적은 '김건희 아닌 윤석열' 했던데, 하면서
'그는 귀를 열 시간도 없고 뜻도 없다'고도, 헌데
'김건희의 말은 잘 듣는다'데, '너무 잘까지 토로 달아서

거 참

트럼프를 기성 미국 정치인들보다는 북한 지도자에 대한
고정적 편견이 덜하다 했데, 하면서 트럼프의 당선이
한반도 정세에 대화와 협상의 공간 열어줄 수도 있다 했데, 거 참

있겠다 싶어서

명태균, 지난 대선 때 윤석열 후보 지지율 홍준표보다 2% 앞서게 조작했다던데, 다시 끌어들이면 백만원군보다 낫겠네, 20%대 하락 지지율 2배쯤 끌어올릴 수 있겠다 싶어서

속임수 쇼란 이야기지

김건희 면죄부 주려 수심위 밀치고 레드팀 가동하기로
헌데 레드팀이란 게 기소반대 의견은 제시할 수 있어도
기소 결정권 없다대, 바꾸면 속임수 쇼란 이야기지

2024년 10월 17일

정치배탈이어서

    10.16 재·보선 결과 국민의힘·민주당 2대 2로 무승부 박빙 결과에 서울시교육감 진보 승리로 야권 2+α로 민심 척도 국민들 현명보다 지역에 따라 이질성, 이질이란 게 정치배탈이어서

유동물(類動物)이어서

'시골은 어쩌다 폐기물 무덤이 됐나' 했던데, 다행인 것은 도시는 인간쓰레기 폐기물장 못 면하고 있어서 걸어다니는 쓰레기로 몸살 무덤은 고정이라도, 인간쓰레기는 유동(流動)하는 유동물이어서

반잔일 듯싶어서

한동훈 부산 승리로 입김 커졌다 했던데, 윤·한 독대에서도
통할지? 안 통하면 커지나 마나 도루묵 신세, 사안이
사안이어서 도루묵 안주에 잔은 반잔일 듯싶어서

퉤 퉤 침 뱉어서

정치 브로커 명태균의 '오빠' 두고 '친오빠' 운운 '안 하니만 못한 해명'이라며 대통령 조급 대응에 일침, 그중에 침다운 침, 보수책사 김어준의 '김 여사 수사받아야 수습, 직설, 국민들은 퉤퉤 침 뱉어서

속담 떠올리게 해서

트럼프, '한국은 머니머신' 했던데, 저리 캄캄해서야, 코리아 곳간 텅텅 비어 빚으로 살림하는데 무슨 돈을 베어 먹겠다고, 큰 인물인줄 알았더니 문둥이코에서 마늘빼먹는다는 속담떠올리게해서

어떨지

한국석유공사, 해외기업 상대로 진행한 로드쇼에서 동해석유 매장량 최대 140억 배럴은 쏙 빼고 최소량 35억 배럴만 명기, 이를 두고 최대치는 현실성확신없었기때문으로 진단, 근본매장량진단은어떨지

왜 ??로 찍히지 ?

한강의 책 판매 100만부 돌파했다데, 저자도 출판사도 시절 만났겠지만, 읽는 독자들 엔돌핀 돌아 책 읽는 재미·기쁨 만끽 했을지? 얼마만큼 이해하고 공감대 형성했을지?가 왜 ??로 찍히지 ?

'안'자 빼야

무자격 관저공사업체, '추천자 안 중요하다'는 감사원장이 도마 위에
일반주택이면 '안 중요할 수도, 헌데 관저도 그냥 관저인가
나라님 주택지를 무자격 업자에게 맡긴 추천자면 '안자 빼야

같은 이치다

'통일은 평화의 반대말이다' 했던데, 과학적 진술로는
상식 이하다, 다만 암시나 상징으로는 명답일 수 있다
북의 불행이 남의 행복이 될 수도 있는 소이와 같은 이치다

싫음 관두고

'아파트공화국, 카페천국' 했던데 맞는 말도 틀린 말도 아니다
맞는 말, 틀린 말로 따질 시빗거리도 아니다, 아파트공화국
카페천국으로 알고 살며 드나들면 그뿐, 싫음 관두고

나라 정치는 쑥밭이어서

10.16 재·보선 결과 두고 '여야 텃밭 사수' 했던데, 텃밭이 집터에 딸린 밭 아니던가, 허면 부산·인천은 국민의힘 텃밭, 영광·곡성은 민주당 텃밭, 정치가 텃밭 정치, 나라 정치는 쑥밭이어서

그러려니 하고 살밖에

연일, 민통선 안팎 주민들 남북 긴장에 생업 불안 호소 이어지던데
그러려니 하고 사셔야 할 듯, 불안 해소할 원인 알고도 속수무책
정부마저 상황통제 능력 외면하고 있으니 '그러려니 하고 살밖에'

외외탕탕밖엔 몰라서

'존엄'이란 말 북녘의 주어인 줄로만 알았더니 남녘에도 쓰데
'우리에게 존엄이 무엇인지' 생각한다는 지적, 글쎄요? 존엄이
높아 범할 수 없음 아니던가, 존엄 외외탕탕밖엔 몰라서

※ 외외탕탕(巍巍蕩蕩) : 왕도의 높고 큼을 일컫는 말

명태균 어록

오빠? 누이동생 잘 둔 덕에 유명세 부는 이도 있고
오빠 덕에 유명해진 인물도 있고, 달리는 오빠 때문에
망할 수도, 누이동생 때문에 망할 수도 있어서, 명태균 어록

명태균 폭로

집안사람이 허물이 있으면 성내지 말고, 버리지 말고, 은근히
교화하라, 봄바람에 언 것이 녹듯이, 이것이 가정의 규범
헌데 오누이가 벌이는 이전투구도 있어서, 명태균 폭로

미라보다리

한강의 저서 100만부 판매 돌파에도, 난 몰라, 아는 것은
'강물은 흘러갑니다아/제3한강교 밑을', 그래, 아는 것도
있으니 그나마 다행, 무식한 난 아는 것이라곤 미라보다리뿐

2024년 10월 18일

없어가 답일 듯

한동훈 여당대표 '김여사 의혹 규명 협조해야'를 비롯 '인적쇄신'
'대외활동 중단시급' 등 독대 앞두고 공개적 '압박' 했던데
그게 국민의 눈높이라면? 눈높이, '그딴 게 내겐 없어'가 답일 듯

한반도

김여사 주가조작도 불기소, 이태원참사 김광호 전 서울경찰청장도 무죄, 전 112 상황 팀장도 무죄, 줄줄이 무죄, 죄 없는 세상 됐으니 태평성대 될랑가? 죄진 놈들의 해방촌 될랑가 한반도

유죄

법원, 2인 방통위가 내린 MBC 제재는 위법 판결
검찰은 무죄처, 법원은 유죄처, 판결 서로 이리 다르니
같은 것 있을 수가, 잘난 놈들은 무죄, 죄 없는 상것들은 유죄

누구 탓

술에 취해서, 기억 안 난다, 모른다면 무혐의 내지 무죄에 형량 축소
멀쩡하면 유죄라는 유죄 성립조건, 허니 성한 놈들
살 세상 못 돼서, 세상이 양반 세상 못 돼서 그런 걸 누구 탓

'징허다' 같아서

군요직에이어 대통령실경비까지 윤대통령모교 충암고출신 포진두고
군경, 충암파 장악했데, 검찰에이어 군경까지장악이면 장하다, 징해
역사이래 이리장헌일 해낸이또있던가, 헌데 '장하다' '징허다' 같아서

시체로 쌓은 성은?

'죽음의성쌓는 이스라엘·하마스·헤즈볼라'했던데, 전쟁으로희생된 시체쌓아올리면 '죽음성'되지, 성전(聖戰)이란미명으로축성된돌로된 성보다 사람으로 된 성이 더 굳세다 했던가, 허면 시체로 쌓은 성은?

같아서

'전쟁신학'이라 했던데, 이스라엘의 광전(狂戰)을 두고 한 말
바이블엔 없는 이 용어, 이스라엘 전매특허품으로 각광
헌데 어쩐다, 칼은 칼로 망한다가 전쟁은 전쟁으로 망한다와 같아서

구화투신, 새겨 볼만

도이치 주가조작, 연루자 죄다(罪多) 판정인데 김건희모녀만 면죄부
두고 '검찰개혁 불 댕겼다' 했던데, 옛분들 말씀에 이런 말 있데
구화투신, 새겨 볼만

※ 구화투신(救火投薪) : 불을 끈다고 장작을 던져 불길을 더 키운다 함이니,
　근본을 다스리지 못하고 서둘다 되레 재앙을 불러온다는 뜻

■ 시집 평설을 대신해서_諷詩調에 대한 사계의 견해

三行詩의 안팎

문덕수(전 예술원 회원)

1.

 박진환의 三行詩Ⅷ『諷詩調』를 읽고 느낀 바가 많지만 다 말할 수는 없을 것 같다. '諷時調'라고 하지 않고 '諷詩調'라고 한 것은 '시조(時調)'와는 다른 장르임을 말하는 것이 분명하고, '풍조시(諷調詩)'가 아니라 '풍시조(諷詩調)'라고 한 것은 이와 유사한 다른 장르명의 어순을 따를 필요가 없음을 암시한 것 같다. 어쨌든 '풍시조(諷詩調)'는 다른 누구의 것도 아닌, 바로 박진환의 장르다. 그가 풍시조의 시조요, 창업자다.

 '풍시조(諷詩調)'의 '풍(諷)'은 '풍자(諷刺, satire)'일까. '풍유(諷喩, allegory)'일까(諷諫, 기자(譏刺)라는 말도 있다). 풍(諷)은 '言+風(음)'으로 된 글자인데, 떨리는 소리로 낭독하는 것을 풍송(諷誦)이라고 하고, 바람이 나뭇가지나 이파리를 흔들듯이 사람의 마음을 움직이는 것을 '풍(諷)'이라고 한다. '풍자'는 후자에 해당한다. 그러나 이러니저러니 따질 필요는 없다. '시작품' 자체가 시론이기 때문이다. '풍시조'의 정체는 박진환의 작품에 있다고 하겠다.

> 달콤한 오수 깨며 따리링 울리는 벨소리 속 목소리
> 기막힌 부동산 정보 전해 드리려고요
> 너나 기막히세요, 난 귀 열고 매미소리나 벗하리니
> ─「귀 열고」

　IT매체들(휴대전화 등)을 통해 부동산 중개업자(복덕방)의 이러한 극성스러운 메시지는 시민들이 역겹도록 경험하고 있는 현실이다. 시도 때도 없는 각종 정보 발신에 시민들이 무방비 속에 시달리는 것은 정보공해라고 할 수 있다. 이 시는 요즘의 이러한 부동산 시장의 상황과 정보공해가 전제되어 있고, 이러한 상황을 어느 정도 공유하고 있는 독자에게만 공감이 절실할 것이다. 풍자건 유머건 간에, 독자의 다양한 지적 교양이 전제된다는 점에서 지성적 활동이라고 할 수 있다(박진환을 '주지시'의 계열의 중요시인으로 보는 것도 이 때문이다).

　2.
　왜 3행시일까. 20행, 30행의 장시나 산문시면 안 되는가. 초·중·종장과 같은 3행이지만, 시조의 율조와는 관계가 없다. 종장 '3·5·4·4'와 같은 율조도 지킬 필요가 없다. 음보와도 관계없다. 시조의 3행과 같다는 말도 사실상 넌센스다. 그럼에도 3행시로 한 뭔가의 이유가 있지 않을까. 앞에 든「귀열고」에서 여러 가지 장치를 전지(剪枝)하고 3단논법의 뼈대만 추려 본다.

> 남을 괴롭히는 전화는 받기 싫다(대전제)
> 요즘의 부동산 정보전화도 사람만 괴롭힌다(소전제)
> 그러므로 내게 그런 전화하지 말라(결론)

이와 같은 논리소('화소'라는 말이 있지만 '논리소'라고 해둔다)로 환원시켜 놓고 보면, 「귀열고」는 3단논법의 시상 전개임을 어느 정도는 이해할 수 있다. 상황 제시(대전제, 제1행), 권유나 권고(소전제, 제2행), 거절(결론, 제3행)로 된 3단형이나 구문면에서는 문답형이다. 3단 논법이란 2개 이상의 전제를 제시하고, 거기서 결론을 도출하는 추론형식이다. 2개든 3개든 2행으로 전제를 제시하거나 열거하고, 논리 진행의 반전, 좌절, 총합 등으로 결론을 도출하게 되면 '3단형'이 되지 않을 수 없다. 또 구문상의 '문답형'으로 본다고 하더라도 물음과 답이 각각 1행씩 합해서 2행이 되고, 물음과 대답을 성립하기 위한 전제적 상황 제시가 1행을 차지하면, 이 또한 3행 형식을 취하게 된다.

> 돈 많은 세상에 돈 없이 배고파하는 꼴이나
> 물난리에 물이 없어 목말라 하는 꼴이나
> 사람 중에 사람 없어 정치공황 부황든 꼴이나
> ― 「꼴이나 꼴이나」

「꼴이나 꼴이나」도 3단형이긴 하나 논리의 극적 국면(반전, 좌절 등)이 약한, 즉 편평(扁平)한 3단형이다. 더 정확하게 말하면 전제만 3행으로 열거되고 결론이 없는(결론은 독자의 몫으로 남겼다.) 일종의 '나열형'이다. 틀(뼈대)을 추려보면 "풍족 속의 굶주림은 꼴불견이다(제1행), 홍수 속의 갈증은 꼴불견이다(제2행), 인재 귀한 정치 공황은 꼴불견이다(제3행)"의 3단형인데, 대전제·소전제·결론 형이 아니라 단지 전제의 3행 나열에 지나지 않고, 이러한 나열을 총합한 결론은 독자에게 맡겨져 있다. 구문상으로는 '꼴이냐'가 각행의 끝말로 반복(세 번 반복)되는데 귀납형의 방식이라고 할 수 있다. 대전제를 먼저 제시하는 3단 논법형과는 다르다고 하겠다. 3단형이라고 하더라도 여러 가지 성질의 형식이 있으므로, 여기서는 변죽만 건드려본 정도로 그치겠다.

3.
　다음엔 실제 작품을 조금 음미해 본다. 「귀열고」는 「夏夜」와 더불어 박진환의 풍시조 중에서 가장 재미있는 작품인 것 같다. 전형적인 작품이라고 해도 괜찮다.
　'기막히다'의 활용형(기막힌, 기막히세요)은 문답의 '고리' 역할을 한다. 부동산중개업자와 시적 주체도 연결시켜준다. 그런데, 대답 부분(제3행)의 '기막히세요'라는 '고리'에는 '기막히다(어떤 일이 하도 어이없거나 엄청나서 질릴 정도이다와 같은 부정적 성질의 의미와, 어떻다고 말할 수 없을 만큼 좋거나 정도가 높다와 같은 긍정적 성질의 의미가 공존한다)와 '귀(耳) 막히다' 등의 의미가 공재해 있고, '귀 막히다'는 뜻의 말은 짐짓 잘못 알아들은 것으로 되어 있다. 이 풍시조의 재미는 '기막히세요'라는 고리에 내재된 다채로운 뉘앙스의 삼중 겹침에 있는 것 같다. 여기에 "너나 기막히세요"라는 독백 형식의 대답에는 "너나 잘하세요"(영화 「친절한 금자씨」의 주인공이 한 말)도 연상되고, 더 지적으로 민감한 독자라면 "사또님 말씀이야 다 우습지"나 "사돈네 남의 말 한다"와 같은 속담도 연상하게 될 것이다. 또 2인칭 대명사 '너'와 높임말인 '기막히세요'는 존대법상 일치하지 않는다. 이러한 문법적 불일치도 미적·풍자적 효과에 한몫 더한다. 말하자면 독자의 지적 수준에 따라 그 웃음과 재미가 증감된다. 아마 이러한 시적 장치의 전부를 담아 뭉뚱그리기에 적합한 가장 간결한 형태가 3행시가 아닐까도 생각된다.

> F킬라를 뿌리듯 이발사가 내 머리에 스프레이를 분무한다
> 내 머리를 모기나 파리 대가리쯤으로 아는 모양이다
> 하긴 싹싹 손 비비고 남의 피나 핥았으니 그럴 법도 하지
> ― 「이발소」에서

전제가 되는 부분의 열거를 1행, 2행에 배당하고, 그 전제를 근거로 제3행에서 결론을 도출한 3단형이다. "이발사가 내 머리에 스프레이를 뿌린다(제1행), 나를 모기나 파리로 간주하는 것 같다(제2행), 아첨하고 착취했으니 이발사의 행위는 당연하다(제3행)"는 것이 이 풍조시의 뼈대다. 추린 논리소다. 그러나 이 논리 속에는 의도적 곡해(曲解)와 사회를 향한 우회적 공격이 숨어 있다. 논리 속에 숨은 이 장치의 이해가,

이 풍시조 수용의 전제가 된다.

특히, "싹싹 손 비비고 남의 피나 핥았으니"에서, 1인칭(모기나 파리의 1인칭)인 '나'의 비하(卑下)를 통해서 파리나 모기와 다를 바 없는 자신이 바로 사회의 무고한 사람들에 대한 침입자나 가해자였음을 폭로한다. 자기가 바로 풍자의 칼날에 희생되어야 할 대상이며, 자신의 비하가 공격과 비판을 위한 칼날 갈기의 전제라는 아이러니를 본다. 일종의 도회(韜晦)의 비늘이라고 할까. 새디즘과 매저키즘은 동전의 양면이라는 심리분석도 이 경우에 해당될지?.

夏! 정말 덥다, 夜! 시원하다
夏夜보다 더 신나고 시원한 것 없을까
없긴 왜 없어, 下野란 말 있잖아
—「夏夜」전문

「夏夜」는 문답형 중의 자문자답형이다. 독백형 자문자답이다. 두 개의 전제에서 의외의 결론을 끌어낸 3단 형태라고도 할 수 있다. 제1행의 대전제가 그 다음의 소전제와 결론인 대답을 가능하게 해준다. 어쨌든 '夏夜'라는 펀(pun)과 더불어 박진환식 풍자와 해학의 가장 돋보이는 전형적인 시다. '夏夜'에 내포된 골계미와 풍자성을 분석해 보자.

'하야'라는 시니피앙에는 1)계절로서의 夏夜, 2)'하! 야'라는 반응의 감탄사, 3)하야(下野)라는 시니피에가 겹쳐 있다. 반복하면 시니피앙의 한 덩어리 속의 세 시니피에가 꼬리를 물고

꼬여 메비우스의 띠처럼 회오리친다. 특히 '하야(夏夜:下野)'라는 말이 지닌 풍자성이 시 전체(1행, 2행, 3행)에 삼투되어 방사(放射)한다. 웃음 속에 감추어진 칼날을 보는 것 같아 섬찟하다.

4.
끝으로 풍시조 1편과 외국의 우화 1편을 비교해 볼까 한다. 대상은 둘 다 '중동(中東)'이다.

>열사의 불 먹고 사는 탓에 제 버릇 못 버려 즐기는 불장난
>　　　　　석유까지 불을 뿜어대니 연일 불바다지
>　　얼음을 먹어야 식히는데 中東엔 仲冬이 없으니
>　　　　　　　　　　　　　　— 「仲冬이 없으니 · 1」

이것은 일종의 '편'이다. 「夏夜」에 비하면 편의 구조도 퍽 단순한 편이다. 페르시아만(아라비아만)의 해변에 '개구리' 한 마리가 햇볕을 쬐고 있는데, '전갈(scorpion)'이 와서 바다 건너 저쪽 언덕까지 등에 태워 건너달라고 부탁한다('전갈은 몸속 독낭에 못 모양의 독침이 들어 있는 동물이다).

"싫어. 넌 전갈 아냐. 날 찔러 죽이려고"
"바보 같은 소리" 내가 찌르면 너도 죽지만 나도 익사하지 않는가. 잠시 생각한 끝에 개구리가 말한다.
"그렇군. 그럼 내 등에 올라타"

전갈을 등에 태운 개구리가 아라비아 바다를 건너기 시작한다. 바다 복판쯤에 왔을 때, 전갈은 갑자기 독침을 꺼내어 개구리를 찔러 버렸다.
"왜 이래?"
전갈이 대답했다. "여긴 중동(中東)이야."

유머지만, 이것은 '우화'의 형식을 취하고 있다(박진환도 '우화' 쪽으로 발전할지도 모른다). '개구리'는 아라비아만으로 관광온 유럽인인지도 모른다. 그러나 이 조크에 등장하는 '전갈'과 '개구리'의 본의(本義)가 각각 유럽과 중동 중에서 어느 쪽인가에 따라 작품 전체의 이야기가 달라지고, 공격의 대상도 반대가 된다. 그러면 박진환의 풍시조의 공격 대상은 누구인가. 중동만이라고 할 수 없다. 여기서 해학이건 풍자건 그 속에 감춘 예리한 '날'의 현동화(現動化)가 실은 얼마나 어렵고 미묘한 것인가를 시사한다. 특히 「전갈과 개구리」의 경우, 그 균형(balance) 잡기의 어려움을 실감하게 된다.

나는 오늘의 한국시의 지형도를 그려본 적이 있다. 1)전통과 서정(전통적 서정시), 2)메시지와 관념(관념시, 생태시), 3)이미지와 물리성(언어 이미지시), 4)탈관념의 실험(탈관념시), 5)주지적 처리(주지시) 등이 그것이다. 한국시의 동서남북이라고도 할 수 있다. 우리 시단의 특색 있는 시의 중요한 작품들은 일단 이 지형도로 배열, 배치할 수 있다. 우리 시의 현황이다.

나는 박진환의 최근작(3행의 풍시조)을 주목하면서 '주지시'

의 장르로 보았다. 지금도 나는 이러한 자리매김을 후회하지 않는다. 김춘수는 박진환의 풍시조에 대하여 『하여지향(何如之鄕)』을 쓴 송욱의 '전철'을 밟고 있다고 했지만, 나는 송욱과 '같은 계열'이라고 보지, '전철'이라고는 생각하지 않는다. '풍자의 노끈'으로 송욱과 박진환을 칭칭 묶어 버리는 것도 가능하나, '풍자'가 있는 '주지(主知)의 토포스' 속에 자리한 박진환의 거처가 지닌 의미의 진폭을 이해할 필요가 있을 것 같다. 풍자, 해학, 펀, 아이러니, 비꼼, 조롱 등은 '주지시'의 자원이긴 하나 이것만이 전부는 아니다. 이러한 주지시는 송욱, 김현승, 김광섭 등을 거쳐 김기림(金起林)의 장시 『기상도(氣象圖)』(1936)에 이른다는 사실을 이해한다면, 주지의 여러 가지 자원이 뭣인가를 짐작할 수 있다. 『기상도』가 지닌 주지적 풍부함의 목록을 일일이 확인할 필요가 없을까.

이야기를 많이 에둘렀다. 다시 「仲冬이 없으니·1」과 「전갈과 개구리」이야기가 지닌 한 가지 토픽도 주지(主知)가 지닌 여러 가지 목록 중의 하나다. 지성은 억제와 조절에 바탕을 둔 '균형'을 강조한다. 형이상적 존재의 인식, 그 인식이 지닌 초월성의 자기화(自己化)에 의한 시선의 확보, 그 중의 풍자적 시선이 공격 대상을 선정하는 일에 도리없이 참여하는 '균형'은 특히 중요하다. 저울대의 무게와 추가 형평을 이룰 때 '풍자는 더욱 빛날 것이다.

■ 시집 평설을 대신해서_諷詩調에 대한 사계의 견해

知的調律에 의한 시 意味의 密度와 結晶度
- 『諷詩調』의 창간에 부쳐

성찬경(전 예술원 회원)

 문예지 『풍시조(諷詩調)』가 창간되었다. 때는 2008년 초여름이고, 앞으로 계간지로 계속 발간될 것이라는 예고다.
 문예지라고 했지만, 문예지치고는 매우 특수한 성격을 지니는 문예지다. 우선에 소설은 배제된 시 전문지이지만, 넓은 범위의 시 일반을 싣는 것이 아니라 '풍시조(諷詩調)'란 새로운 시적 유형과 범주에 속하는 시만을 모아서 엮는 시지이니, 이를테면 시단 안에서도 특수 전문지의 성격을 갖는다. 흔히 취미 오락 등을 다룬 잡지에 낚시니 등산이니 바둑 등을 전문으로 다루는 잡지를 보게 되는데, 『諷詩調』는 시 안에서도 독특한 장르만을 대상으로 하는 일종의 전문 시지(詩誌)인 셈이며, 우리나라 시사(詩史)와 시단의 현황이 어언 여기에까지 이르렀는가 하는 감회를 갖게 된다.
 여기에서 좀 더 차분히 『諷詩調』의 출현을 지금까지 키워온 그 뿌리와 수맥을 살펴볼 필요가 있다. 말할 것도 없이 이

『諷詩調』의 근본이 되는 자양적 모태는 박진환 시인이 약 30년에 걸쳐서 전개해온 넓은 의미에서의 지성시(知性詩) 운동이다. 박진환 시인은 이러한 지성시의 구체적인 전개방법으로서 '형이상학시'의 기치(旗幟) 아래, 이른바 변용의 시를 추구해온 것은 세상이 다 아는 바다.

변용의 시도 실은 그 개념의 범주가 좁다 할 수는 없다. 더 구체적으로 말하면 시에서의 위트, 컨시트, 또는 펀과 같은 기법을 활용하여 시의 정서적 구조를 지적 구조로 바꾸고, 그럼으로써 시를 의미의 밀도에서 좀더 경질(硬質)의 것이 되게 하려는 시적 추구를 말한다. 그리고 이것은 그 시적 추구에서 17세기 영국의 '형이상학파' 시인들의 추구와 그 맥이 통한다는 사실도 우리가 알고 있는 바와 같다.

여기에서 박진환 시인의 이러한 시적 추구가 우리 시의 현실적 상황과 어떠한 관계에 있는가 하는 점을 살필 필요가 있다. 현재의 우리 시는 한 마디로 지성이라는 영양소의 결핍 증세가 심한데, 또한 그것을 자각하고 있지도 못하다는 것이 나의 솔직한 판단이다.

시에서 지성이 하는 구실은 일종의 조화 감각이라 할 수 있다. 시가 너무 한 쪽에 치우치는 것을 막아주는 감시의 역할을 하는 것이 바로 지성이다. 그래서 시에서 지적 요소가 부족하면 시가 한쪽으로 치우치는 것을 막지 못한다. 시에서 눈물이 너무 많아진다거나, 지나치게 격정에 사로잡힌다거나 정서의 내용이 너무 가냘퍼진다거나, 또는 지나치게 괴기해진다거나 하는 현상이 모두 지성적 작용의 결핍에서 오는 증후라

할 수 있다.

문예지 『조선문학』을 중심으로 하는 한 무리의 문인들이 문학에서 지성적 구실을 강조하고, 줄기차게 우리 문단에서의 이러한 허점을 보완하고자 한 문학적 공헌에 대한 평가에서 우리는 몰인식과 소극성을 벗어나지 못하고 있는 것이 아닌가 하는 것이 역시 나의 생각이다.

이번에 발간된 『諷詩調』는 박진환 시인이 벌여온 시운동의 더욱 정제된 결정과도 같은 것이며, 이것을 일종의 '문학적 발명'이라 해야 마땅할 것이라는 생각이 든다.

어느 시대에 있어서나 문학의 새로운 양식은 그것이 하나의 새로운 발명임을 의미한다. 그리고 진정한 의미에서의 '발명'이라면, 얼핏 보아 아무리 하찮게 보이는 것일지라도, 거기에는 발명자의 많은 시간과 피땀과 노고가 스며있음을 잊어서는 안 된다. 시에 있어서도 마찬가지다. 시의 새로운 체질과 양식과 장르의 발명이 실은 시인들의 끊임없이 노력하고 추구하는 목표이기도 한 것이다.

'諷詩調'의 출현 역시 결코 하루아침에 이루어진 우발적인 출현이 아님은 말할 것도 없다. 지금까지 박진환 시인이 시도해온 많은 '3행시'와 '諷詩調'가 그 싹이 되어 피어왔음은 물론이다.

『풍시조(諷詩調)』가 갖는 새로운 체질적 특색을 간단히 살펴보겠다. '諷詩調'가 우리 고유의 전통적 시가의 형식인 '시조(時調)'와 체질적 연관성이 있음은 물론이다. 諷詩調의 구성이 3행으로 돼 있는 점이 초중종 3장으로 돼 있는 시조와 일치한다는 것에서도 이 일을 알 수 있다. 원래 시조의 초중종 3장도 시조보다 더 뿌리 깊다 할 수 있는 동양 고유의 한시(漢詩)의 기승전결에서 나온 것임을 우리는 짐작할 수 있다. 4행1련을 기본 단위로 하는 기승전결은 사실 동서고금의 모든 시적 감흥의 기본 틀이기도 하다. 다만 시조의 경우 종장에 해당하는 3장에서는 '전(轉)'과 '결(決)'이 한 행에 압축됨으로써 4행의 경우보다도 더욱 극적 효과와 시의 긴장감을 높여주고 있다.

이와 같이 諷詩調는 시조와 일맥상통하면서도 예술적 감흥을 겨냥하는 데에서는 시조(時調)와 사뭇 다르다. 곧 시조의 시의 뜻을 한자의 때시 '時'에서 글시 '詩'로 바꿔놓은 데서 그 겨냥하는 바를 짐작할 수 있다. 시조(時調)가 그 주제를 시대적 풍습에 맞추려는데 두고 있다면, 諷詩調에서는 시류(時流)를 넘어서는 작품으로서의 시적(詩的) 가치를 높이려는 의도가 숨어 있으며, 이런 점에서 '諷詩調'는 이른바 순수시(純粹詩)와도 그 방향을 같이 하게 된다.

'시조(詩調)', 곧 시의 흐름에 또 '풍(諷)' 자가 결합되어 있으니, 이것은 또 어떤 의도를 품고 있는 것일까. 여기에서 '풍(諷)' 자는 박진환 시인이 시지의 '창간사'에서도 밝히고 있는 바와 같이 시에 넓은 의미의 풍자성(諷刺性)을 담으려는 의도와 다를 바가 없으니, 이 풍(諷)의 개념에는 시에서 전개할 수 있는 지적 작업 일반의 여러 항목이 두루 포함돼 있으며, 위트, 아이러니, 새타이어, 시니시즘(비꼬움) 등 표현상의 역설적 기법이 종횡으로 등장하게 된다.

그리고 이러한 풍자는 그것이 일종의 지적 응징의 구실을 하게 되는 것이며 이와 같은 응징의 숨은 의도는 바른 사회, 꼴불견인 시류적인 속물(俗物)들이 사라지는 사회, 양식이 통하는 밝은 사회의 출현을 바라보는 것이니, 깊은 뜻에서는 이 풍자의 정신이 곧 인도주의적 염원과도 일치한다는 점을 간과해서는 안 될 것이다.

'諷詩調의 보기로서, 박진환 시인이 전, 현직 대통령을 소재로 풍자한 시를 보려 한다.

> 노랗게 노랗게 노자로 시작해서
> 나리나리 개나리 리자로 끝나면 무슨 나리게
> 개나리, 노노노 무식하긴 노나리지
> ―「개나리」

> 이명박 대통령 임기 끝나 퇴임하는 날이 2012년 12월 26일
> 이날에 맞춰 돌아가는 시계가 이명박 시계란다
> 시작이 엊그젠데 퇴임 날 꼽아가며 돌아가는 시계가 있다니
> ―「이명박 퇴임시계」

펀과 시니시즘과 새타이어가 2중 3중으로 얽히고 꼬인, 고도로 지적인 시적 작업임을 알 수 있다. 이보다 더 따끔한 응징적 일침이 또 있겠나.

계간지 『諷詩調』는 이제 막 창간되었기 때문도 있겠지만, 아직 동인지의 성격을 완전히 벗지 못한 느낌도 없지 않아

있다. 앞으로 이런 점도 차츰 보완이 되리라 믿어지며, 이 시지가 잘 성장하여 응분의 구실을 하게 될 것을 나는 축원의 시선으로 바라본다. 그렇다 하더라도 일관성 있는 '지성시'에의 헌신과 노고가 정당한 평가를 받게 되는 날이 우리 시사(詩史)에서 언제 찾아올 것인가.

■ 시집 평설을 대신해서_諷詩調에 대한 사계의 견해

諷詩調의 깃발과 風向
- 새로운 시 운동에 대하여

김용직(전 학술원 회원)

　극히 최근에 그 모습을 드러낸 諷詩調 운동에는 두 가지 정도의 전략이 내장되어 있는 듯 보인다. 그 하나가 독특한 형태양식 해석이며 다른 하나가 현실 상황을 향한 예각적 공격의식이다. 명백히 현대 서정시의 서부(西部)를 개척하려는 의욕으로 시도된 이 시운동은 그러나 그 형식을 3장 6구를 원형으로 한 단형시 제작을 바탕으로 하고 있다. 3장 6구의 단형시라면 우리 머리에는 곧 한국 전통시가 양식인 시조가 떠오른다. 시조는 국민문학파에 의한 개혁운동 이후 새로운 토대를 마련하게 되었다. 이때부터 시조는 고전시가의 인습적인 면을 벗어나 새 시대의 양식이 된 것이다. 諷詩調는 시조의 이런 틀을 이용하려는 듯 보인다.
　諷詩調는 그 의식성향으로 보아 상당히 공격적이며 호전적이기까지 하다. 그 도마 위에는 정치, 경제, 사회, 문화의 문제만이 아니라 개인의 윤리, 도덕적인 사건까지가 가차 없이 올라 난도질당한다. 그런데 많은 경우 諷詩調의 비판, 공격은 예술적 의장을 거치지 않은 가운데 이루어진다. 諷詩調에서 풍(諷)은 수사론에서 풍자를 뜻할 것이며 고전문학의 감각을 곁들이게 되면 풍간(諷諫)과 같은 맥락에서 해석될 말이다. 풍자와 풍간에 역겨운 현실, 아니꼬운 대상을 꼬집고 공격하는 단면이 내포되어 있는 것은 사실이다. 그러나 그런 경우의 비판, 공격은 진술의 형태로 이루어지는 것이 아니라 비유의 형태를 취하는 것이 바람직하다.

풍자문학에서 직접적 언술(言述)이 아니라 간접적인 기법이 이용되는 까닭은 단순하다. 많은 경우 시인이 아니꼽게 생각하는 대상은 한 시대와 사회에서 강한 힘을 가진 개인이거나 집단과 그 부수 형태인 제도나 규범들이다. 그들을 진술의 차원에서 공격하는 경우 작품들은 즉각 압수, 폐기되고 그 제작들은 연행, 구속될 위험에 노출된다. 시와 예술이 노려야 할 것은 이런 자살 특공대식 자기표출이 아니다. 이런 감각이 생산해 낸 전략의 결과가 풍자로 해석되어야 하는 것이다.

諷詩調가 3장 형식을 취한 것에 대해서도 이와 거의 같은 이야기가 가능하다. 諷詩調가 3행시의 형태를 이용한 것은 3행시가 한국 전통 시가를 대표하는 것으로 판단된 결과일 것이다. 새로운 시가운동이 국민문학의 자리에 오른 양식의 특성을 이용하는 것은 슬기로운 일이다. 그러나 이 경우에도 우리는 창작활동에서 기본교의 하나를 기억하고 있어야 한다. 모든 창작활동에서 형태는 묵수될 것이 아니라 새롭게 해석, 개척되어 나가야 한다. 국민문학파의 전례가 가리키는 바와 같이 3장 6구의 시조가 갖는 큰 틀은 긍정적으로 계승될 수 있다. 그러나 그 틀 속에 새로운 시로서의 호흡과 맥박은 끊임없이 재창조되어야 한다.

우리는 모처럼 시도되는 諷詩讕 운동이 한국 현대시의 높은 산맥이 되고 푸른 강줄기를 이루어나가기를 희망한다. 이런 소망이 다소간 비판적인 생각을 토로하게 된 셈이다.

■ 시집 평설을 대신해서_諷詩調에 대한 사계의 견해

박진환의 3행 '諷詩調'에 대하여

최원규(충남대 명예교수)

 최근 지속적으로 왕성하게 발표해온 박진환의 삼행시초 '諷詩調'야말로 괄목할만한 한국적 단형시다. 더구나 시대적 상황이 사회적으로 굵직한 이슈를 던져주었던 전번의 정치적 관심이 우리 모두를 끌어들이는 시기와 맞물렸기 때문이기도 하다. 이미 정권 교체에 따른 권력의 갈등에서 겪은 일이지만 대선과정에서 마지막까지 문제가 되었던 BBK 사건, FTA, 숭례문 복원, 대운하 찬반, 광우병 등으로 인한 촛불 시위 범람이 쓰나미처럼 휩쓸고 지나갔으며 아직도 그 여진이 계속되고 있다.
 이렇게 불안한 계절에 시인은 이들의 갈등과 부조리를 외면하고 추상적인 언어를 기반으로 하는 사회적 연대감에서 벗어나 강 건너 불구경만이 순수의 미덕인가. 마땅히 지식인으로 가치판단이나 문화적 선악에 동참, 선도의 언어가 필요해진 것이 너무 당연하다. 하물며 시는 시인끼리 담을 쌓고 그 속에 안주해 있는 모습에서 벗어나 시민과 동참 동행하는 시민의식이 필요하다.

이미 우리 시의 역사 속에서도 한용운, 이육사, 윤동주 그들의 평가에서 볼 수 있듯이 그들의 시에서 우리의 의지와 나라를 걱정하는 애국시가 용솟음치기도 하였다. 그런 점에서 이 시대 박진환의 諷詩調야말로 우리 시단의 중요한 뇌관을 건드린 사건이라고 판단된다.

諷詩調는 삼행이라는 점에서 시조와 같으나 구조나 형태적 특질이 시조의 틀을 벗어났을 뿐만 아니라 어귀나 비유법의 방법을 시조와 달리한다. 한편 화제가 되고 있는 시대적 상황을 직접적인 논의와 평가를 요구하며, 아이러니, 패러독스, 유머로 수용한다. 요컨대 박진환의 '諷詩調'는 업투데이트한 시대적 사회시를 전제한다. 그러므로 그의 '諷詩調'는 작중 인물들의 선행이나 악행의 전제를 제시하며 마지막 행에 이르러서는 개선이나 선과 악의 가치판단의 동참을 요구한다.

박진환의 '諷詩調'는 악과 사의 교정을 위한 화해적 개선이라는 점에서 꼬집고, 비꼬고, 깎아내리고, 비아냥하고 비판, 고발, 폭로를 시의 바탕으로 삼되 마지막 의도는 '순수한 통장'을 감행함으로써 풍자시보다는 한 차원 높은 시적 장치를 갖추고 있다는 점에 주목한다.

박진환은 엄격하거나 거창한 테마를 희극적으로 처리하거나 재미와 멸시, 분노와 냉소의 태도를 환기시킴으로써 그것을 약화시키는 기법을 사용한다. '웃음을 무기로 사용하고 작품의 외부에 존재하는 과녁을 겨냥한다. 그 과녁은 개인적인 일일 수 있고, 어떤 계층이나 제도나 국가나 인류 전체에게까지 할 수 있다라고 전제한다.

요컨대 화자가 단정하는 외견상 주장과 속으로 의도하고 있는 의미가 서로 다른 진술을 할 때 그 진술은 태도나 평가를 명백히 표현하지만 그것과 매우 다른 태도나 평가를 함축하고 있는 것을 포함하는 것이 아이러니의 기술이라고 보았을 때 박진환의 '순수한 통정'을 암시한다. 발음이 같고 흡사하지만 의미는 전혀 다른 같은 소리에 다른 의미를 갖는 말들은 때로 읽는 이에게 가치판단의 격정적인 한편으로 기울게 하기보다 그것을 유보하며 역지사지(易地思之)의 공평성을 유발시키고 화해성을 유도한다.

박진환은 시적인 재담(equivoque)도 있고 때로 언어유희(pun)도 있지만, 그것들은 읽는 이로 하여금 간담이 서늘해지는 경지까지 유발한다. 때로는 '삶 속의 죽음'이나 '쾌락의 고통', '사랑의 증오'들처럼 메타피지컬포에트(Metaphysical poets)들이 사용한 흔적에 영향되었다고 할 수 있으나 박진환의 경우 경고성의 환기에 더 치중함을 볼 수 있다.

마침내 풍(諷), 시(詩), 조(調) 각개의 문자 의미의 내부를 탐색할 때 모두 언(言) 말씀이 들어있다. 말씀[言]은 글[文]과 구별된다. 글은 논리와 절제를 요구하지만 말[言]은 흘러가는 물과 같이 지형이나 지세에 따라 형태가 변하며 응집한다. 그러므로 흐름의 방향은 같지만 물줄기는 즉흥적이며 당대의 상황에 따라 전변한다.

말씀[言]은 바람[風]과 절[寺]과 두루할 주(周)를 더하여 동서남북, 종횡무진, 당대를 섭렵한다. 그리하여 박진환의 '諷詩調'는 마침내 세상사의 이야깃거리의 중심부에서 주제할 수 있는 정세의 총화와 전환을 암시한다.

박진환의 諷詩調가 꼭 3행이어야 하는가의 문제에 대하여 신중히 생각해야 한다. 다만 어느 민족이고 그 민족의 정서적 흡인력에 의하여 자연 발생적으로 생겨난 정형적 틀이 있어 왔다. 가령 당시(唐詩)의 4언 또는 7언 절시나 영시의 4행시(quatrain), 이행연귀(couplet), 14행시(sonnet) 모두 각운 구조로 결합된 강약음보격의 시행으로 되어 단일시귀(stanja)의 서정시인데 우리의 고유 문학형태의 시형(시조)들이 3장 6귀의 원칙을 고수한 것은 민족적인 고유성과 기풍(Ethos)에 의한 것이라고 믿는다. 다만 박진환의 경우 꼭 우리의 시조를 의식한 3행시는 아니지만(사실 시조와는 그 정형시로 의미구조의 잣대에 맞지 않음) 정형시로서 규율에 맞는 것이 아닌 자유시로서의 의미를 더욱 확대한다.

외형상 3행시로 처리한 것은 압축과 긴장미의 효과를 살리며 음수율에서 체험할 수 없는 탄력을 보여준다.

그리하여 3행시는 우리에게 낯익고 우리 말의 생태적 관습의 순리에 수용된다. 또한 시의 자연스런 형태의 공감이 일반화되었기에 박진환 삼행시가 우리 시단의 충격파를 더해 간다고 생각된다. 그의 3행 諷詩調의 창출은 우리 시문학사의 새로운 원형을 배가시킨 원동력이 될 것이며, 한편 시적 표현 미학에서 잡다한 외래적 수용의 난맥상을 제압하는 데 주요한 길잡이가 될 것이다.

박진환의 3행 '諷詩調'는 시조(時調)와 동자이의어(同字異義語)로 우리에게 새로운 정형성의 모델을 제시한다. 그러므로 우리 현대시가 지닌 무모한 율격이나 시적 주제의 미숙성 또는 혼미성을 극복하는 데 따른 주제시로서 확실한 언덕이 형성된 셈이다.

■ 시집 평설을 대신해서_諷詩調에 대한 사계의 견해

풍시조 읽기

문효치(전 문협 이사장)

　박진환 시인의 諷詩調를 읽었다　풍시조(諷詩調)라는 낯선 이름에 대하여 저자는 풍자시를 줄여 풍시라 하고 거기에 무슨무슨 투나 태도의 뜻으로 조(쪼.調)를 붙였노라고 설명하고 있다. 그러니 諷詩調의 본질은 풍자시일 듯하다.
　우선 재미있다. 식상한 이미지들의 나열이나 아니면 거의 산문화 되어버린 요즘의 시들에 입맛을 잃었는데 이 諷詩調는 매우 신선한 재미를 느끼게 해 준다.
　세상은 부조리와 불합리와 부정 불의 등으로 가득 차 있다. 이러한 세태가 우리를 짜증나게 하고 화나게도 한다. 살맛을 잃게 한다. 정말 살맛을 잃게 하는 재미없는 제재를 박진환 시인은 재미있는 시로 만들고 있다.

　핵, 우리도 그간거있어 펑펑터지는 국제특허품 不字標 핵 있어
　　　불평등·불공평·부조리·부정부패·부동산 투기까지

> 건들면 폭발하는 순 국산 不字標 핵 있다고, 까불고 있어
> ―「까불고 있어」 전문

불평등 불공평 부조리 부정부패 부동산 투기 등 우리사회에 만연한 부정적 요소들, 이것들은 가히 우리 사회를 파괴시킬 만한 위력을 가지고 있다. 정말 심각한 문제다. 이런 사항들을 '不字標핵'으로 둘러댄 그 재치가 재미있다. 그래서 이 시를 보면 일단 웃음이 난다, 진짜 핵을 '그깐거'라고 대수롭지 않은 존재로 봄으로써 '不字標 핵의 위험성을 한껏 고조시켜 놓았다. 내용은 매우 심각한 문제성을 가지고 있지만 표현된 말들은 우리를 재미있게 해 준다.

'까불고 있어'라는 끝절은 상대방(진짜 핵을 가진 자)에게 눈을 흘기며 짐짓 어깨를 으쓱거리는 모습을 떠올리게 해 준다. 다소 장난기가 보이는 모습을 연상하면서 시인의 재치를 다시 한번 실감케 해 준다.

이러한 부조리 불합리한 사태를 능란한 솜씨로 비꼬고 농락함으로써 독자들은 후련한 카타르시스를 느낀다. 내가 미처 하지 못한 앙갚음을 대신 갚아 주는 것 같기도 하고 어쩌면 내 심정을 잘 알아주는 것 같기도 하다.

이 책은 멸시 분노 증오의 정서를, 비꼼 냉소 조소 조롱 역설 등의 언사로 가득 채워 놓았다. 그러나 궁극으로는 교정·교훈의 의지가 숨겨져 있다.

> 뭐라구라우, 사람 낳고 돈 낳제 돈 낳고 사람 낳다구라우

>   허허 이 양반 순 구식이네
> 신식으론 돈 낳고 사람 낳제, 사람 낳고 돈 낳고가 아니여
>   ―「뭐라구라우」 전문

  돈 낳고 사람 낳은 것은 불변의 진리이다. 그러나 신식으로는 돈 낳고 사람 낳았다고 큰소리친다. 그러나 이것은 역설이다. 화자가 진짜로 하고 싶은 말은 이른바 구식인 '사람 낳고 돈 낳다'는 말이다. 이것이 뒤집힌 세상, 전도된 가치에 대해서 일갈하고 꼬집은 것이다. 그리고 그에 대한 반성과 교정을 꿈꾸고 있는 것이다.
  삼행으로 압축한 단아한 모습의 시형에도 주목하고 싶다. 말 그대로 촌철살인의 짤막한 말이 감동을 준다. 요즈음 장황한 수다를 늘어놓는 시들이 범람하면서 이렇게 간결한 시들이 그리워진다.

>   나라님 물러나면 낙향하여 통나무집 짓고 시나 쓰며 살겠단 말
> 아무래도 허사같다. 시는 말을 아끼고 줄이는 언어경영인 것을
>   저리 말이 헤퍼서야 어찌 말의 진수에 닿을 수 있을지
>   ―「아무래도 허사 같다」 전문

  듣기 좋은 수다로 대중들을 현혹하며 실천보다는 말을 앞세우는 정치인을 비꼬며 질타하고 있지만 한 편 짤막한 시론을 엿볼 수 있는 시다. 그렇다. 시는 '말을 아끼고 줄이는 언어경영'인 것이어서 '말이 헤퍼서'는 안 될 일이다.

삼행은 우리의 눈에 익숙하다. 어려서부터 시조를 읽고 배워왔기 때문이다. 물론 시조의 형식에 맞춰 음수율을 조절한 것은 아니지만 그 속에 기승전결의 구조를 가진 것들이 많은 것도 이해하기 쉬운 대목이다.
 지금이 바로 이러한 시들이 필요한 시대인 것 같다. 잡지마다 넘쳐나고 있는 산문조 요설이 시성(詩性)을 잠식하고 있고, 그리고 비꼬고 조롱하고 비난하고 질타해야 될 일들이 많은 세상일수록 그러한 세태를 지적하고 경계하며 교정해야 하기 때문이다. 시가 궁극적으로는 인간을 위하고 옹호하는 것이라면 시가 이러한 일에도 적극 관심을 가져야 할 것으로 생각한다.

■ 시집 평설을 대신해서_諷詩調에 대한 사계의 견해

諷詩調에 나타난 형이상시의 수사법

최규철(시인・문학평론가)

들어가는 말

 어느 사회학자는 '농경사회의 삶이 시간 잉여(時間剩餘)의 시대였다면 오늘날과 같은 정보화 사회는 시간 기근(饑饉)의 시대라'했다. 그것은 그 정도로 오늘의 시대가 시간에 쫓기며 살아가는 고속화 시대를 맞이하고 있다는 것이다. 따라서 이러한 고속화 사회에 사는 현대인들의 문학작품에 대한 선호도도 역시 장편소설보다는 단편소설을, 장시보다는 단시를 더 선호하는 경향이 있다. 특히 시에 있어서 현대인들의 구미에 맞는 시는 짧으면서도 그 속에 다분한 내용을 함축함으로써 큰 감동을 주는 시라 하겠다. 이런 시대적 요구에 부응하는 시가 바로 박진환 시인이 착안하고 시운동을 전개하고 있는 諷詩調이다.

 諷詩調의 기법은 형이상시의 레토릭(rhetoric)과 흡사한 면이 많다. 컨시트의 기발한 지적 놀라움, 서로 상반된 양극화의 결합과 그 조화, 역설과 반어(反語), 시의 순수한 통징을 통한 내적 울분의 해소와 사회 구조악(構造惡)의 개선 등이 바로 그것이다.

특히 3행시의 짧은 글 속에 함축된 내용과 그 여운을 담기 위해서는 압축적이고 생략적인 구문이 필요하다. 따라서 각 행의 전환 및 반전이 빠르게 전개되는 특색이 있다. 이것은 양극화의 긴장이 팽팽할수록 행과 행의 전환속도가 빠르고 생략과 압축의 미학이 더욱 살아난다.

필자는 그동안 지면을 통해서 3. 4회에 걸쳐 언급해온 諷詩調 시학에 대한 이론을 총괄하고 종합하여 주로 諷詩調의 형이상시적 유사성과 레토릭(rhetoric) 기법의 측면에서 접근해 보고자 한다.

1. 諷詩調의 순수한 통징

諷詩調는 일종의 풍자시의 성격을 띤 시라 하겠다. 풍자시의 사전적인 정의는 부정부패와 비리 현상과 모순 등을 다른 사물에 비유하여 폭로와 공격 일변도의 시를 말한다. 즉 풍자시라고 하는 한자가 풍자할 풍(諷) 찌를 자(刺)로 명시한 바와 같이 모든 죄악상을 어떤 사물로 빗대어 찔러 고통을 가하게 하는 일종의 보복성을 뜻하는 성격을 내포하고 있는 시가 대부분이다. 그러나 諷詩調에서 말하는 순수한 통징의 주된 목적은 諷詩調를 통해서 죄의 아픔을 느끼게 할 뿐만 아니라,

뉘우치고 돌이켜 새롭게 변화하게 하는 데 주력하는 시의 기능을 말한다. 다시 말하자면 죄의 부패성에 대해서 단순히 찌르고 고통을 가하게 하는 데 그치는 것이 아니라 메스를 가하고 수술을 함으로써 병을 낫게 하는 데 그 목적이 있음을 말한다.

그러나 여기서 주의 깊게 보아야 할 것은 수술을 가하되 고통을 없애게 하기 위해 마취제를 동시에 투여하는 방법을 취하고 있다는 사실이다. 즉 유머를 통해서 웃음을 주고 즐거움을 줌으로써 그 고언을 달게 받아들이고 소화시킬 수 있는 기능을 지녔다는 것이다. 諷詩調의 통징이야말로 우리의 뇌에서 일종의 모르핀이나 엔도르핀과 같은 호르몬을 분비하게 함으로써 무통수술을 하게 하고 오히려 미묘한 시적 희열을 주게 하는 절묘한 수술비법을 의미하고 있다. 諷詩調의 작가들은 이런 諷詩調의 순수한 통징의 특성을 숙지하고 이러한 순수한 통징의 기능을 살리는 데 노력해야 할 것이다. 諷詩調에서 이러한 순수한 통징이 살아있지 못한다면 그것은 諷詩調로서의 시적 역할을 다한 시라 볼 수가 없다. 諷詩調의 생명이 바로 여기에 있다 할 수 있기 때문이다.

참으로 諷詩調의 순수한 통징이야말로 오늘과 같은 종말론적인 징조를 토로하고 인류의 구원을 갈구하게 하는 시대적 사명의 성격을 띤 시라 하겠다. 현대사회는 갈수록 첨예한 양극화 조성으로 인한 양자구도의 대립상이 심화되고 있다. 오늘날 정치 경제 사회 문화 전반에 걸친 인류사회의 갈등과 분쟁이 바로 이런 극단적인 양극화 현상에서 오는 결과라 하겠다. 그렇다면 현대시가 어느 때까지 이를 외면하고 오히려 음풍농월(吟風弄月)만을 일삼아야 하겠는가. 시가 인생문제로 깊이 들어가서 이런 양극화 문제를 해소하고 하나로 융합하는 화해와 일치의 시학으로 발전해가야 할 것이 아닌가. 그러한 의미에서 諷詩調 운동의 필연성이 강조된다.

더욱이 환경오염으로 인한 생태계의 훼손과 대기오염으로 인한 오존층의 파괴, 그리고 지구 온난화에서 발생하는 엘니뇨현상 등으로 인류의 생존 문제에 심각한 적신호가 켜있다. 이런 각박한 상황에서 탈출하기 위한 녹색시학 운동의 전면에 諷詩調가 자리하고 있음을 알 수 있다.

시인은 예언자적인 예리한 눈을 자지고 미래사회의 변화를 직시하면서 오늘의 잘못된 과오를 지적 감동을 통해서 깨닫게 하는 순수한 통징에 무한한 관심을 쏟아야 한다.

> 세상이 왜 이러나 유행병처럼 자살·자살·자살
> 마음 한 번 고쳐먹으면 살자·살자·살자가 되는데
> 뭐 그리 좋은 거라고 일편단심 자살이람
> ― 박진환의 「뭐 그리 좋은 거라고」

한국인의 자살률이 OECD 30개 회원국 가운데 1위를 기록하는 불명예를 안고 있다. 연예계의 인기 스타들과 대기업의 총수들이 잇따라 자살을 하고 심지어 전직 대통령까지도 스스로 목숨을 끊음으로써 사회적 충격이 크다.

박진환 시인의 諷詩調「뭐 그리 좋은 거라고」는 1행의 자살·자살·자살'이라고 하는 부정적인 죽음의 개념과, 2행의 '살자·살자·살자'라고 하는 긍정적인 생명의 개념을 양극구도로 서로 거꾸로 뒤집어 대치해 놓음으로써 기발한 위트와 유머를 돋보이게 한다. 이러한 諷詩調의 기능이야말로 격한 자살충동을 완화시켜 줄 뿐 아니라 생에 대한 강력한 의욕까지도 유발하게 하는 시적 감동을 가능케 한다. 여기서 諷詩調의 풍자 속에 담고 있는 간절한 회심에의 바람이 '마음 한번 고쳐먹으면'이란 말로 표현되고 있다. 이것이 바로 諷詩調가 지닌 순수한 통징의 힘이다.

> 피를 빨아 먹는 모기 잡는데 의견이 분분하다
> 정치가 어떻고 법이 어떻고 대통령이 어떻고
> 입으로 모기 잡나? F킬라를 뿌려야지
> — 박진환의「입으로 모기 잡나」

이 시는 그 제목부터가 웃음을 터트리게 하는 유머가 있어 마음을 끈다. 이 시 속에 감추어 있는 암시성과 시사성(示唆性)이 모기와 F킬라라고 하는 기발한 메타포를 통해서 큰 감동을 준다. 정계와 법조계의 부패상을 바로잡는, 즉 '피를 빨아 먹는 모기를 잡는데'에는 입으로 하는 설왕설래(說往說來)로써는 근절될 수 없다는 것이다. 특히 수사법 중에서 변화법의 하나인 '입으로 모기잡나?'라고 하는 설의법으로써 F킬라라고 하는 정답을 독자에게 물어 찾아내게 하는 레토릭으로써 스스로 개혁의지를 촉발하게 하는 순수한 통징이 돋보인다. 찌르고 자르고 쪼게는 메스질이 가해짐에도 불구하고 뇌에서 분비되는 모르핀을 통해서 즐거운 마음으로 웃고 수긍이 가능케 하는 회심과 변혁의 비법이 있다.

2. 諷詩調가 갖는 컨시트의 특색

형이상시의 컨시트(奇想, conceit)는 형이상시의 특징 중에서 가장 중요한 특징의 하나라 할 수 있다. 외견상 전혀 유사성이 없거나 상반되고 양극화된 사물이나 상황들을 재치 있고 기발한 방법으로 결합하여 소위 사무엘 존슨(Samuel Johnson)이 언급한 '부조화의 조화'를 이루게 하는 비유적인 수사법을 말한다.

그러나 諷詩調에서 보여주는 컨시트의 특색은 형이상시에서 말하는 그것과는 사뭇 다른 양태의 컨시트를 볼 수 있다. 3행시 구문의 생략적인 특성 때문에 행과 행, 낱말과 낱말, 심지어는 문자와 문자로부터 서로 상반된 사물이나 개념의 명칭과 발음 등을 찾아내고 거기서 특별한 의미성을 유추하여 또 다른 의미를 창출해내는 언어유희적인 기발한 컨시트를 선보이고 있다. 이런 관점에서 볼 때 諷詩調의 컨시트는 단순히 두 가지 사물이나 개념을 교묘하게 결합하여 뜻밖의 유사성을 찾는 기존의 형이상시의 컨시트와는 다른 특성을 지니고 있다고 하겠다.

> 대통령 국정평가 잘했다가 44.2%, 못했다가 41.1%
> 막상막하, 정치란 게 그래
> 上 뒤집으면 下 되고, 下 뒤집으면 上 되거든
> ― 박진환의 「物神時代・216」

  국민이면 누구나 알게 모르게 다 정치에 젖어 살면서 나름대로의 정치철학, 내지 생활철학을 가지고 있다. 그래서 3행에서 '정치린게 그래'라 토로한다. 이런 지적 깨달음을 풍자적으로 소화시켜 표현하기란 그리 쉬운 일은 아니다. 이런 이유 때문에 민감한 사안을 받아들여 유머로 웃어넘길 수 있고, 감동 받아 깨달음을 갖게 하는 諷詩謌의 기법에 주목할 수밖에 없다. 그래서 諷詩謌가 지적이며 문화적인 통징을 가져오게 하는 첩경이라 여겨진다.

  이 시에서 놀라운 기지의 발산은 2~3행에 있다.'막상막하, 정치란게 그래 / 上 뒤집으면 下 되고, 下 뒤집으면 上 되거든'에서 '막상막하(莫上莫下)'의 上과 下의 문자를 세웠다 뒤집었다 하면서 요동치는 정치판의 불안정성을 꼬집는, 재기(才氣)가 번뜩이는 컨시트를 선보이고 있다. 여기서 다만 上·下라고 하는 양극성의 문자를 가지고 세웠다 뒤집었다 하면서 엉뚱하게 결합한 결론이 「정치란게 그래」로 귀결한다. 이렇게 諷詩謌의 컨시트는 동떨어진 개념이나 이미지를 결합하는 데 그치는 것이 아니라, 서로 상반된 단순한 두 개의 문자로써 새로운 제3의 개념을 형성하게 한다. 이런 관점에서

諷詩調의 컨시트는 보다 다양하고 발전된 성격의 것이라 볼 수 있다.

> 박지성·박주영의 꼴은 오 코리아
> OECD국 중 환경평가 맨 꼴찌의 꼴은 어이쿠 코리아
> 둘 다 꼴은 꼴이다마는 뒤에 꼴은 노꼴만도 못해서
> ― 박진환의 「物神時代·191」

지금 지구촌은 환경오염으로 인해서 점차로 죽어가고 있는 실정인데 우리나라가 OECD국 중에서 환경평가 최하위라 한다. 이 시에서는 이런 실정을 풍자적으로 꼬집고 있는데, 1~2행에서는 축구의 '꼴인'과 환경평가의 '꼴찌'란 서로 유사성이 없는 언어들을 관련 지워 '오 코리아'와 '아이쿠 코리아'라는 서로 반대되는 개념의 언어로 대비시켰고, 3행에서는 꼴찌의 '꼴'을 '노꼴'이라는 상충·상반되는 개념과 연관시킴으로써 '둘다 꼴은 꼴이다마는 뒤엣 꼴은 노꼴만도 못해서'라는 순발력 있는 기지(wit)를 보여준다. 동시에 더 나가서는 축구의 '꼴'과 환경평가 꼴찌라는 '꼴'의 두 글자들을 교모하게 결합한 諷詩調의 컨시트의 진수를 보여주고 있다.

3. 諷詩調의 양극화 기법

또 한 가지 諷詩調에서 가장 두드러지게 나타나는 특징 중의 하나가 양극화 현상이다. 그러기 때문에 諷詩調의 컨시트

는 동떨어지고 상반된 가장 먼 거리의 양극성을 폭력적으로
결합하는 과정이나 패러독스와 아이러니의 양면성에서 오는
강한 텐션이 諷詩調로 하여금 그만큼 응축된 의미의 비유가
되게 한다.

> 걸핏하면 여·야 율사들 발목잡느니, 발목잡히느니 해쌌는디
> 뿌리치고 혼자만 가려고 하니 그러지, 동행해봐, 왜 발목잡나
> 잡혀 부러지면 목발신세 못면해, 발목 거꾸로 해봐 목발이지
>   — 박진환의「발목 거꾸로 하면 목발이지」의 전문

 분쟁과 불화의 결과가 발목이 목발로 바뀌는 기발한 발상,
곧 생명체를 비생명체로 둔갑시키는 대담한 컨시트의 수사법
이 놀라움을 준다. 그 외에도 여·야 율사들, 발목잡느니 발
목잡히느니, 발목과 목발 등의 양극화가 이 諷詩調 전면에서
팽팽한 긴장을 조성시켜주고 있다, 거기다가 본래 여·야가
대치하는 정치구도, 그것만으로도 양극의 역학관계를 유지하
는 긴장상태인데 여기에 분쟁과 충돌이 생기면 발목이 목발
이 되는 더욱더 팽팽한 긴장관계를 촉발한다. 그래서 이 諷詩
調는 웃기면서도 여·야가 정치적 협력관계를 잘 유지해야만
나라가 산다는 통징적인 메시지도 담고 있는 시이다.

> 악법·약법, 청문회, FTA로 여·야 붙어도 한판 크게 붙겠다
> 탓하지 말 것이 싸워야 국회답지 잠잠하면 그게 더 두려워
> 마찬가지야, 아이들도 싸움질하면서 크지 않던가

— 박진환의 「아이들도 싸우면서 커」

이 諷詩調는 빈번히 일어나는 국회의원들의 성숙하지 못한 의결과정에서의 난투극을 한 마디로 꼬집은 시이다. 아이들이 싸우면서 커가듯이 국회의원들도 싸우면서 커가야만 하는가 하는 시인의 통탄이 곁들어있는 시이다. 가장 성숙해야 할 국회의원들과 가장 성숙하지 못한 나이인 어린이들의 양극현상을 동류부류로 간주하여 이질성 속의 유사성을 찾는 시인의 기지가 번쩍인다. 여기에는 양극간의 이질성이 유사성으로 바뀌는 과정에서 서로 잡아당기는 강력한 텐션도 드러나 있다. 「싸워야 국회답지」에서는 국회가 싸움판이 되어서야 되겠는가 하는 아이러니의 성격을 띤 레토릭도 있고 국회가 변화되기를 촉구하고 갈망하는 통징도 들어있다.

4. 諷詩調의 구조와 그 전환속도

형이상시에서와 마찬가지로 諷詩調에서도 생략된 구문을 씀으로써 의미의 탄력과 밀도를 더하게 하고, 또한 집약적 표현으로써 시의 단축을 꾀하는 기법을 강조한다. 그 결과 시 전개과정에서 그 전환 속도가 빨라지기 마련이다. 그래서 시의 구조가 3행시로 되어 있고 따라서 행의 길이가 짧으면 짧을수록 생략적 효과가 살아나서 함축성이 있는 시가 된다.

諷詩調는 평시조(平時調)와 같은 초장 중장 종장의 3행 형식의 구조이면서도 3장 6구 12음보의 정형시에 매이지 않은 자유시요, 동시에 평시조보다 더 빠르고 생동감이 있는 기승전결(起承轉結)의 전개가 있다. 따라서 諷詩調의 함축성과 텐션을 살리기 위해서는 될 수 있는 대로 행의 자수(字數)를 줄이고 생략하는 것이 좋다.

      침묵이 金이라고? 순 구식
      요즘 세상에선 말 잘해야 출세해
       신식으론 침묵은 禁이야
       — 박진환의 「침묵은 禁이야」

 1행의 金이 3행에서는 禁으로 바뀐다. 1행에서 침묵은 金이란 말은 구식이요, 3행에서는 침묵이 禁이란 말로 바뀐 것이 신식이라는 것이다. '요즘 세상에선 말 잘해야 출세해'라는 새로운 진리(?)를 발견하고 시대와 더불어 급속히 변하는 처세술의 격세지감을 실토한 시라 하겠다. 또 이 시 속에는 침묵이 금(金)이었던 옛 시대가 참이요 말을 잘해야 출세한다는 현 시대가 잘못된 것이라는 시사성(示唆性)이 들어 있다. 諷詩調가 그 짧은 시로써 현시대의 많은 모순과 부조리를 다 압축하여 표현할 수 있는 것은 오로지 3행시 속에 짧은 행으로 모든 것을 소화시킬 수 있는 수용성(受容性)과 빠른 전환기능을 지탱할 수 있는 메커니즘에서 온 것이다.

        銅臭에 코피터진 놈이

　　　　　　　　　　銅醉로 게워내는 주정
　　　　　　　　뭘 쳐다봐, 너나 나나 다를 것이 없는데
　　　　　　　　　　— 박진환의 「物神時代·68」

　이 시는 銅臭와 銅醉를 병치하고 3행에서 '뭘 쳐다봐, 너나 나나 다를 것이 없는데'로 동류화((同類化))시킨 해학적인 기법이 눈을 끈다. 銅臭란 말의 뜻은 돈으로 출세를 하려고 하거나 모든 것을 해결해 보려고 하는 물신주의자들을 낮잡아 하는 말인데 오늘날은 술로써 출세를 하려고 하거나 모든 문제를 해결하려고 하는 銅醉도 많다는 것이다. 銅臭와 銅醉의 내용이 담고 있는 절묘한 조화가 압축되어 이 짧은 諷詩調 한 편을 창구로 하여 오늘의 모든 시대상을 한 눈으로 볼 수 있다.

　그러나 풍조시에서 행의 자수를 줄이고 표현의 생략적인 효과를 극대화하려는 경제적인 언어구사는 아무나 할 수 있는 것이 아니다. 허다한 諷詩調에서 발견할 수 있는 것은 행이 짧으면 그 표현과 의미성도 부실한 경우가 많다는 것이다. 따라서 諷詩調는 자수(字數)를 최소화하면서도 그 함축성을 최대화할 수 있는 기법이야말로 바로 諷詩調의 완성도를 높이는 첩경임을 알게 된다.

맺는 말

　이상과 같이 諷詩調에서 보이는 수사법상의 기법이 형이상시의 그것과 유사한 점이 많다는 것을 알 수 있다. 그러나 그 구조적인 측면에서 볼 때 형이상시보다는 시가 짧고 컨시트도 형이상시보다는 언어유희의 측면에서 독특하고 문자유희의 면에서도 독보적인 경지를 보이고 있는 시라는 것이다. 諷詩調의 대부분이 명확한 양극화 구조로 되어 있고 상반되고 동떨어진 개념이나 사물을 결합하여 부조화의 조화를 이루고 있다. 또한 3행시의 짧은 시로서 생략적이고 압축적인 기법을 통해서 고도의 밀도감을 조성하기 위해 언어와 언어, 행과 행을 교합하여 전개되는 전환속도가 유달리 빠른 것도 그 특징 중의 하나라 하겠다. 이런 시의 특징 때문에 앞으로 諷詩調가 우리나라 문학의 한 장르를 이루고 발전하여 보다 큰 문학성을 발휘하는 날을 기대하여 마지않는다.

조선문학사시인선 954

諷詩調詩集 · 453

시의 복수 · 1

2025년 2월 20일 인쇄
2025년 2월 28일 발행

지은이 / 박진환
발행인 / 박진환
펴낸곳 / 조선문학사
등록번호 / 1-2733
주소 / 03730 서울 서대문구 통일로 389(홍제동)
전화 / 02-730-2255
팩스 / 02-723-9373
E-mail / chosunmh2@daum.net

ISBN 979-11-6354-327-5

정가 10,000원

※ 인지는 저자와 합의 하에 생략
※ 잘못된 책은 서점에서 교환해 드립니다.